WATCHMAN NEE

MADRUGAR

Living Stream Ministry
Anaheim, CA • www.lsm.org

Primera edición: enero de 1998.

ISBN 978-0-7363-0100-8

Traducido del inglés
Título original: *Early Rising*
(Spanish Translation)

Publicado por

Living Stream Ministry
2431 W. La Palma Ave., Anaheim, CA 92801 U.S.A.
P. O. Box 2121, Anaheim, CA 92814 U.S.A.

Impreso en India

20 21 22 23 24 / 10 9 8 7 6

MADRUGAR

Lectura bíblica: Cnt. 7:12; Sal. 57:8-9; 63:1; 78:34; 90:14;
108:2-3; Éx. 16:21

I. LAS HORAS DE LA MADRUGADA
SON LAS MEJORES DEL DÍA

¿A qué hora se deben levantar los creyentes todos los días?

En cierta ocasión, una hermana dijo algo que me pareció excelente, pues dijo: "Básicamente, podemos determinar cuánto ama una persona al Señor por la elección que ella hace cada mañana entre su lecho y el Señor. ¿A quién ama usted más, al Señor o a su cama? Si usted ama más a su cama, entonces dormirá un poquito más. Si usted ama más al Señor, entonces se levantará un poquito más temprano". Aunque estas palabras fueron pronunciadas hace más de treinta años, aún siguen resonando con frescura en nuestro ser. Una persona debe escoger entre su amor por su cama y su amor por el Señor. Cuanto más ame al Señor, más madrugará.

Un cristiano debe levantarse temprano porque las horas de la madrugada son las mejores para reunirse con el Señor. Con la única excepción de los que estén enfermos, todos los hermanos y hermanas deben levantarse temprano. De hecho, hay muchas enfermedades que, en realidad, no son enfermedades. Tales achaques se convierten en enfermedades debido solamente a que tales personas se aman demasiado a sí mismas. Con la excepción de aquellos, que por órdenes del médico tienen que descansar más, todos deberían madrugar. Puesto que debemos ser equilibrados en todo, es nuestro consejo que aquellos hermanos y hermanas que están verdaderamente enfermos, duerman un poco más. Sin embargo, aquel que goza de buena salud debe levantarse lo más temprano que pueda, pues las horas de la madrugada son las mejores para ir al encuentro del Señor, tener contacto con Él y tener comunión con Él. El maná se recogía antes de que saliera el sol (Éx. 16:14-21). Cualquiera que desee comer el alimento provisto por Dios deberá levantarse temprano. Cuando el sol calienta, el maná se derrite y desaparece. Si deseamos recibir alimento espiritual y ser edificados espiritualmente, y si deseamos tener comunión espiritual y el suministro espiritual, tenemos que madrugar. Si nos levantamos tarde, el maná se habrá desaparecido. Es en la madrugada cuando Dios imparte a Sus hijos el alimento espiritual y la comunión santa. El que se levanta tarde, no recoge nada. Son muchos los hijos de Dios que están enfermos, no porque tengan problemas espirituales, sino porque se levantan demasiado tarde. También son muchos los hijos de Dios quienes, a pesar de que se han consagrado a Dios, son celosos por Él y le aman fervientemente, no llevan una vida cristiana apropiada por el simple hecho de que se levantan tarde. No piensen que esto carece de importancia y que no tiene nada que ver con la condición espiritual del creyente; todo lo contrario, ello contribuye en gran manera a su condición espiritual. Muchos cristianos no son espirituales simplemente porque no se levantan temprano. Muchos han sido cristianos por muchos años pero, aun así, no pueden llevar una vida cristiana apropiada debido a que se levantan demasiado tarde. Yo no conozco a nadie que sepa orar y que no se levante temprano, ni conozco a nadie que disfrute de íntima comunión con Dios y que se levante tarde. Todas aquellas personas que conocen a Dios se levantan temprano. Por norma, ellos se levantan temprano para tener comunión con el Señor.

En Proverbios 26:14 dice: "Como la puerta gira sobre sus quicios, así el perezoso se vuelve en su cama". Este versículo nos dice que el perezoso en su cama es como la puerta que gira sobre sus goznes. El perezoso se vuelve en su cama sin poder dejarla. Se vuelve a un lado de su cama; luego se vuelve al otro. No importa para qué lado se vuelve, continúa en su cama. A muchos les encanta tanto su cama que disfrutan de ella al volverse de un lado a otro, y les resulta imposible dejar su lecho. Cuando se vuelven a la izquierda, están en la cama, y cuando se vuelven a la derecha, aún siguen en la cama. Les encanta dormir y no pueden dejar su lecho. Muchas personas sólo quieren dormir un ratito más y simplemente no pueden levantarse de la cama. Si uno desea aprender a servir a Dios y ser un buen cristiano, tiene que levantarse muy temprano por la mañana todos los días.

Aquellos que madrugan, cosechan muchos beneficios en términos espirituales. Las oraciones que ellos hacen a otras horas del día simplemente no pueden compararse con las oraciones ofrecidas en las primeras horas de la mañana. La lectura de la Biblia que ellos realizan a otras horas del día no tiene comparación con la que realizan en la madrugada. Igualmente, la comunión que ellos tienen con el Señor temprano en la mañana tampoco tiene comparación con la que ellos tienen a otras horas del día. Debemos pasar el mejor tiempo del día —temprano en la mañana— en la presencia del Señor en lugar de en otras cosas. Algunos cristianos dedican todo el día en otros asuntos, y sólo a la hora de acostarse se arrodillan a leer la Biblia y a orar. Por eso, no es de extrañar que para ellos la lectura bíblica, la oración y la comunión con el Señor les resulten tan ineficaces. Desde el momento mismo que creemos en el Señor Jesús, debemos reservar un tiempo temprano en la mañana para tener comunión con Dios y tener contacto con Él.

II. EJEMPLOS DE SIERVOS QUE MADRUGABAN

En la Biblia encontramos muchos siervos de Dios que se levantaban de madrugada. Examinemos algunos de estos ejemplos:

1. Abraham—Gn. 19:27; 21:14; 22:3
2. Jacob—28:18
3. Moisés—Éx. 8:20; 9:13; 24:4; 34:4
4. Josué—Jos. 3:1; 6:12; 7:16; 8:10
5. Gedeón—Jue. 6:38
6. Ana—1 S. 1:19
7. Samuel—15:12
8. David—17:20
9. Job—Job 1:5

10. María—Lc. 24:22; Mr. 16:9; Jn. 20:1

11. Los apóstoles—Hch. 5:21

Todos estos versículos nos muestran que los siervos de Dios tenían la costumbre de encontrarse con Dios al amanecer. Todos y cada uno de ellos tenían el hábito de levantarse muy temprano, a primeras horas de la mañana, para tener comunión con Dios. Ellos se levantaban muy de mañana para realizar muchas gestiones relativas a los asuntos de Dios. También se levantaban de madrugada para consagrarse a Dios. Si bien en la Biblia no existe ningún mandamiento que específicamente nos ordene levantarnos temprano, aquí tenemos suficientes ejemplos bíblicos que nos muestran que todos los siervos fieles de Dios se levantaban temprano. Incluso el propio Señor Jesús madrugaba. "Levantándose muy de mañana, siendo aún muy oscuro, salió y se fue a un lugar desierto, y allí oraba" (Mr. 1:35). Cuando quiso elegir a los doce apóstoles, Él llamó a Sus discípulos muy temprano por la mañana (Lc. 6:13). Si el Señor tenía que levantarse temprano para hacer estas cosas, entonces, ¿no debiéramos nosotros con mayor razón hacerlo también?

Todo hermano o hermana que tenga el deseo de seguir al Señor jamás debiera abrigar la idea de que no hay mucha diferencia entre levantarse una hora antes o una hora después. Deben tener bien claro que incluso su lectura de la Biblia será ineficaz si se levantan una hora más tarde. Igualmente, sus oraciones resultarán ineficaces si las hacen una hora más tarde. Aun cuando uno pueda dedicar la misma cantidad de tiempo a dichas actividades, el hecho de que las realice una hora más tarde dará resultados muy diferentes. Así pues, levantarse temprano trae grandes bendiciones. Es nuestro deseo que los nuevos creyentes no pierdan tales bendiciones al inicio mismo de su vida cristiana. Sé de un hermano a quien, durante sus primeros tres años como creyente, se le preguntó por lo menos cincuenta veces: "¿A qué hora te levantaste esta mañana?". Levantarse temprano es una gran bendición. Aquellos que han aprendido a levantarse temprano, saben cuán importante es hacerlo. Si usted no se levanta temprano, vivirá sumido en pobreza espiritual. Levantarse tarde causa muchas pérdidas, pues muchas cosas espirituales se pierden por levantarse tarde.

Hemos visto que abundan los ejemplos en la Biblia. Pero, ¿qué de aquellos siervos de Dios que no son mencionados en la Biblia? Nos referimos a personas como George Müller, John Wesley y muchos otros que son conocidos por ser siervos de Dios. Podemos decir que casi todos aquellos a quienes conocemos en persona, o los conocemos por sus libros, y que han sido útiles en las manos de Dios, dieron mucha importancia al asunto de madrugar. Ellos lo llamaban "vigilia matutina". Todos los siervos de Dios hacen hincapié en la necesidad de tener tal "vigilia matutina". De hecho, la expresión *la vigilia matutina* indica claramente que ésta era una práctica que se realizaba en las primeras horas de la mañana. ¿Han escuchado de alguien que tenga vigilia matutina después que salga el sol? ¡Jamás! Uno tiene "vigilias matutinas" en las horas de la madrugada. Se trata, pues, de un hábito excelente que todo cristiano debe cultivar. Los hijos de Dios no deben ser personas descuidadas. La iglesia ha venido practicando esto por muchos años, y nosotros debemos mantener esta muy buena costumbre de ir al encuentro de nuestro Dios en las primeras horas de la madrugada. La expresión *vigilia matutina* no se encuentra en la Biblia y, si queremos, podemos designarla de otra manera, pero no importa cómo la llamemos, acudir a la presencia de Dios en las horas de la madrugada es de suma importancia.

III. QUÉ HACER EN
LAS PRIMERAS HORAS DE LA MAÑANA

No nos limitamos simplemente a levantarnos temprano, sino que tenemos que hacer ejercicios espirituales y todo lo que hagamos debe tener un contenido espiritual. A continuación, mencionaremos algunas de las cosas que debemos hacer en la madrugada.

A. Tener comunión con Dios

Cantar de los cantares 7:12 nos muestra que el mejor momento para tener comunión con el Señor es temprano en la mañana. Tener comunión con Dios consiste en abrir nuestro espíritu y nuestra mente a Él, y permitirle que nos ilumine, nos hable, que cause una determinada impresión en nosotros y que nos conmueva (Sal. 119:105, 147). Durante ese tiempo, nuestros corazones se acercan a Dios y damos lugar a que Él se acerque a nuestro corazón. Debemos levantarnos en la madrugada a fin de permanecer en la presencia del Señor, meditar sobre la Palabra, ser dirigidos por Él y recibir impresiones de Dios, para aprender a tocarlo y darle la oportunidad de que Él nos hable.

B. Alabar y cantar

Nuestras alabanzas y cánticos deben escucharse muy de mañana. Las primeras horas de la mañana son las mejores para entonar alabanzas a Dios. Cuando presentamos ante Dios nuestras alabanzas más sublimes, nuestro espíritu asciende a la cima más alta.

C. Leer la Biblia

En la madrugada se debe recoger el maná (el cual es Cristo). ¿Qué significa comer el maná? Significa disfrutar a Cristo, disfrutar de la Palabra de Dios y disfrutar de Su verdad todos los días al amanecer. Después de haber comido el maná, tendremos la fortaleza necesaria para emprender nuestra jornada por el desierto. Las horas de la mañana son las mejores para recoger el maná. Si en las primeras horas de la mañana nos dedicamos a hacer otras cosas, no seremos alimentados espiritualmente ni estaremos satisfechos.

Dijimos anteriormente que debemos tener dos Biblias: una con nuestras anotaciones, para usarla por la tarde, y otra libre de anotaciones, para "comer maná" muy de mañana. Durante este tiempo no debemos tratar de leer mucho ni procurar abarcar muchos pasajes de la Biblia. En lugar de ello, debemos detenernos en una pequeña porción de la Palabra, leyéndola al mismo tiempo que disfrutamos de incesante comunión con Dios y elevamos algunos cánticos. Esto no quiere decir que debemos seguir cierto orden: tener comunión con Dios primero, alabarle después y, sólo entonces, leer la Biblia al final. No, tenemos que entremezclar todas estas cosas. Al mismo tiempo, también debemos orar. Cuando abrimos y leemos la Palabra y estamos en la presencia de Dios, tal vez sintamos la necesidad de confesar nuestros pecados. Otras veces al leer un pasaje, quizás seamos conmovidos por Su gracia y en virtud de ello, somos motivados a darle gracias al Señor. También podemos orar a Dios con respecto a lo que hemos leído en Su Palabra. Podemos decir: "Señor, esto es lo que yo verdaderamente necesito. Este pasaje, este versículo y esta palabra verdaderamente han puesto en evidencia mis deficiencias. Señor, llena mi necesidad". Cuando encontramos una promesa, digámosle: "Señor, creo en esta promesa"; y si es gracia lo que hemos recibido, le decimos: "Señor, recibo Tu gracia". También es posible que seamos conducidos a interceder, pues al leer la Biblia, posiblemente nos acordemos de aquellos que están en una condición espiritual lamentable y, sin criticarlos ni acusarlos, intercedemos diciendo: "Señor cumple Tu palabra tanto en mí como en mi hermano y hermana". También es posible que seamos llevados a confesar nuestros pecados y los pecados de los demás. Podemos orar por nosotros mismos así como por otros. Podemos ejercitar nuestra fe para creer tanto en beneficio nuestro como en beneficio de otros. Y podemos ofrecer acciones de gracias a nombre nuestro como a nombre de otros. La lectura de la Biblia no debe ser muy larga ni debe abarcar demasiado. Tal vez dos, tres o cuatro, quizás hasta cinco versículos sean lo suficiente. Podríamos invertir una hora en ellos. Mientras hacemos esto, al leer cada palabra de esos versículos, podemos orar y tener comunión con Dios usando tales palabras; entonces seremos llenos de Él.

Tanto en el Antiguo Testamento como en el Nuevo podemos encontrar muchas personas que tuvieron comunión con Dios de esta manera. Ellas conocían a Dios y tenían comunión con Él. Esta comunión llegó a formar parte de sus vidas.

En los Salmos, David intercambia con mucha libertad los pronombres "tú" y "Él", de tal modo que así como conversaba con el hombre, casi de inmediato elevaba sus oraciones a Dios. Por ello, en un mismo salmo encontramos frases dirigidas a los hombres intercaladas con oraciones dirigidas a Dios. Por un lado, David se dirigía a los hombres; por otro, hablaba con

Dios. Así pues, el libro de Salmos nos muestra que David era una persona que vivía en constante comunión con Dios.

Mientras Nehemías se encontraba trabajando, profería algunas cuantas frases y luego elevaba una breve oración. Así, cuando el rey le preguntó algo, él podía contestarle y, casi de inmediato, conversar con el Señor. Él entremezclaba su trabajo y su oración. Para él, el trabajo y la oración eran inseparables.

Pablo escribió el libro de Romanos a aquellos que se encontraban en Roma. Sin embargo, podemos notar que en más de una ocasión también se dirigía al Señor. Algunas veces parecía olvidarse de que estaba escribiendo a los romanos porque de repente empezaba a hablar con Dios. Vemos esto también en sus otras epístolas. En un instante él podía tornarse a Dios y conversar con Él.

Aquellos que han leído la autobiografía de la señora Guyón, podrán apreciar algo que es muy característico de ella. La mayoría de las autobiografías son escritas para ser leídas por los hombres, pero en su autobiografía, ella en un instante se dirige a los hombres y en el siguiente a Dios. En un momento hablaba con La Combe (la persona que le pidió que escribiera su autobiografía) y, en el siguiente instante, hablaba con el Señor. A esto llamamos comunión. Es difícil saber cuándo comienza la comunión con Dios y cuándo termina. La comunión no consiste en hacer a un lado otros asuntos para dedicarse exclusivamente a orar, sino en hacer ambas cosas simultáneamente.

Por lo tanto, en las horas de la madrugada dedicadas a recoger el maná, debemos aprender a entremezclar la oración con la Palabra de Dios, como también debemos mezclar la alabanza y la comunión con la Palabra de Dios. En un momento tendremos la experiencia de estar en la tierra, y el siguiente en los cielos; en un momento estaremos en nosotros mismos, y al instante en Dios. Si continuamos practicando esto todas las mañanas, después de algún tiempo seremos llenos del Espíritu, y la palabra de Dios morará en nosotros ricamente. Es indispensable leer la Palabra de Dios y recoger el maná. Muchos hermanos y hermanas son débiles y no son capaces de cruzar el desierto. A estos debemos preguntarles: "¿Han comido hoy?". Ellos no pueden caminar porque su alimentación espiritual es deficiente. El maná se recoge al amanecer, y para obtenerlo necesitamos madrugar. Si no madrugamos, no tendremos maná. Debemos levantarnos muy de mañana para laborar en la Palabra de Dios.

D. Orar

Cuando amanece, debemos tener comunión con el Señor, alabarle y recoger el maná. También demos orarle al Señor. Salmos 63:1 y 78:34 nos muestran que debemos buscar al Señor al amanecer. La oración de la que hablamos en el párrafo anterior es una especie de oración compenetrada, pero la oración a la que nos referimos aquí es más específica. Después de tener comunión, de alabar y comer el maná, uno es fortalecido y puede presentarlo todo en oración delante de Dios. La oración ciertamente requiere de mucha energía, por lo que debemos acercarnos a Dios de madrugada para ser alimentados. Entonces, una vez que hagamos esto, podremos dedicar una media hora o unos quince minutos para orar por algunas necesidades urgentes, ya sea con respecto a nosotros mismos, a la iglesia o con respecto al mundo. Por supuesto, también podríamos ofrecer tales oraciones en la tarde o en la noche, pero si sabemos aprovechar el hecho de que hemos recibido y adquirido un poder fresco al tener comunión con Dios y al comer el maná de madrugada, entonces tendremos un respaldo mejor.

Al amanecer, todo creyente debe realizar estas cuatro cosas delante del Señor: tener comunión con Él, alabarle, leer la Biblia y orar. La conducta que tengamos durante el día pondrá de manifiesto si hemos hecho estas cuatro cosas en la madrugada. George Müller afirmaba que el grado de su condición espiritual durante el día, dependía exclusivamente de la alimentación que recibía del Señor por la mañana. Muchos cristianos se sienten débiles durante el transcurso del día, porque desperdician las mañanas. Por supuesto, hay ciertos hermanos que han avanzado tanto en su peregrinaje espiritual que han aprendido a separar totalmente el alma del espíritu. Puesto que su hombre exterior ha sido quebrantado, difícilmente serán afectados por alguna circunstancia a la que tengan que enfrentarse durante el día. Pero esto ya es un asunto completamente distinto. Los nuevos creyentes necesitan aprender a levantarse temprano. Una vez que actúen irresponsablemente a este respecto, serán irresponsables en todo lo demás y nada marchará bien. Hay una gran diferencia entre ser o no ser nutrido en la mañana.

Cierto músico famoso dijo una vez: "Si dejo de ensayar por un día, yo lo notaré; si dejo de hacerlo por dos días, mis amigos lo notarán; y si no ensayo por tres días, la audiencia lo notará". Si esto sucede cuando ensayamos con un instrumento musical, con mayor razón se aplica al aprendizaje de la lección espiritual de madrugar. Si no hemos disfrutado una rica vigilia matutina en la presencia de Dios, nosotros lo notaremos. Aquellos que tienen alguna experiencia con el Señor, cuando conversen con nosotros, también lo notarán. Ellos percibirán que carecemos del suministro fresco que proviene de la fuente espiritual. Desde el primer día de sus vidas cristianas, los nuevos creyentes deben ser estrictos consigo mismos y ser disciplinados. Ellos deben levantarse temprano todos los días para poner esto en práctica en la presencia del Señor.

IV. LA PRÁCTICA DE MADRUGAR

Finalmente, hablemos un poco sobre la manera concreta de poner esto en práctica. ¿Qué debemos hacer para madrugar? Tenemos que tomar en cuenta varios puntos.

Todos los que madrugan deben desarrollar el hábito de acostarse temprano. Nadie que se acueste tarde podrá levantarse temprano. Esto sería como quemar una vela por ambos lados.

No se impongan una meta demasiada elevada. Algunas personas quieren levantarse a las tres o cuatro de la mañana, y cuando se dan cuenta de que les es muy difícil mantener ese horario, dejan de madrugar. Es mejor ser moderados. La hora más apropiada para levantarse es las cinco o seis de la mañana, cuando el sol está a punto de salir o acaba de salir. Levántense siempre al rayar el alba. Si uno trata de levantarse demasiado temprano, no perseverará por mucho tiempo; aparte de que fijarse una meta tan elevada hará que nuestra conciencia nos acuse. Ciertos hermanos han procurado fijarse metas demasiado elevadas y eso les ha causado muchos problemas en sus hogares, en sus trabajos y aun cuando se hospedan en otras casas. Esto no es provechoso. Debemos seguir una norma que esté a nuestro alcance, sin irnos a los extremos. No debemos imponernos una meta que nos es imposible de alcanzar. Para fijar la hora adecuada de levantarse, debemos tomar en consideración ante el Señor nuestras limitaciones físicas y nuestras circunstancias. Una vez que establezcamos un horario, seamos fieles en mantenerlo.

Posiblemente nos resulte difícil madrugar al principio. Si bien es fácil madrugar el primer y el segundo día, el tercer día es difícil. Es muy posible que los primeros dos días no nos cueste mucho trabajo, pero después, echaremos de menos la cama y eso hará que nos sea difícil levantarnos temprano, especialmente durante el invierno. Toma tiempo hacer un nuevo hábito. Tal vez por estar uno acostumbrado a levantarse tarde, su mente también se ha acostumbrado a ello. Pero si uno madruga por algunos días, su mente se irá ajustando al nuevo horario hasta que una vez ya levantado, no regresará de nuevo a su lecho pese a que su mente le pide que lo haga. Al principio necesitamos esforzarnos un poco para madrugar. Para adquirir este nuevo hábito tenemos que pedirle a Dios que nos conceda Su gracia, y debemos continuar pidiéndole hasta que tengamos el hábito. Hagámoslo una y otra vez. Renunciemos diariamente a nuestro lecho a fin de levantarnos al amanecer. A la postre, nos levantaremos de madrugada espontáneamente. Delante de Dios, ustedes tienen que desarrollar este hábito. No perdamos la gracia que representa el tener comunión con Dios en la madrugada.

Una persona saludable no necesita más de ocho horas de sueño, y usted no es la excepción. No se preocupe preguntándose si madrugar afectará su salud, porque no lo afectará, pero su ansiedad sí podría afectar su salud. Son muchos los que se aman demasiado a sí mismos y caen enfermos por preocuparse tanto de sí mismos. Si el doctor le dice que está enfermo, posiblemente usted necesite dormir diez o doce horas, pero seis a ocho horas son suficientes para una persona normal. Debemos dormir de seis a ocho horas diarias; no debemos adoptar una posición extremada, pues no pretendemos que los que estén enfermos madruguen. Si usted está enfermo, hará bien en quedarse en la cama y leer la Biblia allí; sin embargo, aquellos a quienes el doctor no les haya aconsejado quedarse en cama hasta tarde, y que no están enfermos, deben madrugar.

Es nuestro deseo que los hermanos que tienen más madurez espiritual y de mayor peso en el Señor fomenten esta práctica. La iglesia debe darle un "empujón" a los holgazanes para despertarles e instarles a que avancen y, a la vez, debe conducir a los nuevos creyentes a participar de esta bendición. Cuando se nos presente la oportunidad, debemos preguntarle al recién convertido: "¿A qué hora te levantas?". Después de algunos días, preguntémosle de nuevo: "¿A qué hora te levantaste hoy?". Debemos recordarle este asunto durante por lo menos el primer año de su vida cristiana. Después de un año, quizás todavía sea necesario preguntarle: "Hermano, ¿a qué hora te levantas ahora?". Hagamos esta pregunta a los nuevos creyentes cada vez que los veamos, ayudándolos a que pongan esto en práctica. Sin embargo, si nosotros mismos no hemos aprendido bien esta lección ante el Señor, nos será muy difícil esperar que otros también lo aprendan; por esta razón, nosotros mismos debemos aprender bien esta lección.

Entre todos los hábitos que desarrolle un nuevo creyente, el hábito de levantarse temprano debe ser el primero. Hemos desarrollado la costumbre de dar gracias por los alimentos y de reunirnos los domingos; también debemos adquirir la costumbre de madrugar para tener contacto con el Señor. El nuevo creyente debe desarrollar este hábito. Es una lástima ver que algunos que han sido cristianos por muchos años, jamás han disfrutado la bendición y la gracia que ellos recibirían si madrugasen. Si deseamos experimentar esta gracia, debemos aprender bien esta lección. Si más hermanos y hermanas se proponen aprender esta lección y todos se levantan al amanecer, la iglesia crecerá. Si un hermano recibe más luz, toda la iglesia será iluminada más intensamente. Pero si todos reciben un poco más de luz cada mañana, entonces toda la iglesia también será enriquecida. Hoy la iglesia es pobre porque muy pocas personas reciben el suministro que procede de la Cabeza. Si todos y cada uno de nosotros recibimos algo directamente de la Cabeza, por muy poco que sea, la acumulación de todas esas pequeñas porciones enriquecerán a la iglesia profusamente.

No deseamos que sólo unos cuantos hermanos laboren en la iglesia. Nuestra esperanza es que todos los miembros se presenten de madrugada ante el Señor, que toda la iglesia se levante al alba para recibir las riquezas y la gracia de Dios. Lo que un miembro recibe de la Cabeza es de beneficio para todo el Cuerpo. Si cada hermano y hermana toma este camino, habrá muchos vasos que tengan al Señor como su contenido, y cada día seremos más y más ricos espiritualmente. No debemos pensar que levantarnos al amanecer no tiene importancia. Si aprendemos a levantarnos al rayar el alba y adquirimos la costumbre de hacerlo, tendremos un brillante futuro espiritual.